# BEI GRIN MACHT SICH IHR WISSEN BEZAHLT

- Wir veröffentlichen Ihre Hausarbeit, Bachelor- und Masterarbeit

- Ihr eigenes eBook und Buch - weltweit in allen wichtigen Shops

- Verdienen Sie an jedem Verkauf

## Jetzt bei www.GRIN.com hochladen und kostenlos publizieren

# Entwicklung eines Fragebogens zur Überprüfung der Lernfähigkeit für Recruitingunternehmen

Christin Hoffmann

GRIN

**Bibliografische Information der Deutschen Nationalbibliothek:**

Die Deutsche Nationalbibliothek verzeichnet diese Publikation in der
Deutschen Nationalbibliografie; detaillierte bibliografische Daten sind
im Internet über http://dnb.d-nb.de abrufbar.

ISBN: 9783346772435
Dieses Buch ist auch als E-Book erhältlich.

Druck und Bindung: Books on Demand GmbH, Norderstedt Germany
Gedruckt auf säurefreiem Papier aus verantwortungsvollen Quellen

Das vorliegende Werk wurde sorgfältig erarbeitet. Dennoch
übernehmen Autoren und Verlag für die Richtigkeit von Angaben,
Hinweisen, Links und Ratschlägen sowie eventuelle Druckfehler keine
Haftung.

Das Buch bei GRIN: https://www.grin.com/document/1303734

# Hausarbeit

**Alternative B**

**Entwicklung eines Fragebogens zur Überprüfung der Lernfähigkeit für Recruitingunternehmen**

SRH Fernhochschule – The Mobile University

Modul:          Testtheorie und Testkonstruktion

Studiengang:  Psychologie (B.Sc.)

# Inhaltsverzeichnis

# Abbildungsverzeichnis

# 1 Einleitung

Die Arbeitswelt ist einem fortlaufenden Wandel unterlegen. So wuchs der Einfluss der IT in den letzten Jahrzehnten stetig an und führte 2011 zur vierten industriellen Revolution. Unsere ehemalige Industriegesellschaft entwickelte sich rasant zur vernetzten Informationsgesellschaft, willkommen in der Industrie 4.0. Während die Industrie Produktionsprozesse automatisierte und die Märkte internationalisierte, hebt die jetzt herrschende Informationsgesellschaft durch die Möglichkeiten des virtuellen Raums alles auf eine neue Ebene. Dies geschieht durch Ablösung der klassischen Warenströme infolge des Einsatzes von cyberphysischen Systemen und disruptiven Technologien. Der Eintritt in dieses neue Zeitalter ist noch verhältnismäßig frisch und somit beeinflussen gravierende Veränderungen die aktuelle Situation der Betriebe. Dieses stellt Unternehmer, Führungskräfte und Arbeitnehmer gleichermaßen vor zahlreiche Herausforderungen, bei denen altbekannte Lösungsansätze nicht mehr funktionieren. Viele Unternehmen haben sich bereits neu aufgestellt und passen sich der neuen gegebenen Situation an, andere wiederum halten noch an der Vergangenheit und der „Guten alten Zeit" fest. Mittlerweile sollte jedoch jedem bewusst sein, dass die Veränderungen zu nachhaltig sind, um nicht darauf zu reagieren und das richtige Personal einen essentiellen Faktor zum Unternehmenserfolg bildet (Bernhardt, 2019, S. 4).

Angesichts dieser neuen Zeiten, den stetig wachsenden Herausforderungen und um sich gegenüber unbekannten Anforderungen zu wappnen, rückt lebenslanges Lernen immer weiter in den Vordergrund. Einen geeigneten Schulabschluss vorweisen zu können genügt dabei schon lange nicht mehr. Ein guter Mitarbeiter muss vielmehr in der Lage sein, sich ständig auf Veränderungen einstellen zu können und bereit sein, ständig dazu zu lernen. Demnach sind gute Noten nicht das ausschlaggebende Kriterium, sondern lernfähig zu sein, um im heutigen Schul- und Berufsleben bestehen zu können. Vor allem vor dem Hintergrund des technischen Fortschritts, sich rasant ändernden Geschäftsmodellen, der Fluktuation und des Wettbewerbsdrucks (Paulus, 2001, S. 3).

Die Forschung beschäftigt sich daher seit circa fünfzig Jahren mit der Frage, wie gute Personalauswahlverfahren gestaltet sein müssen. Dabei geht es einerseits um das Anwerben potenziell geeigneter Bewerber und andererseits um den Einsatz geeigneter diagnostischer Instrumente, mit deren Unterstützung sich die tatsächlich geeignete Person für eine bestimmte zu besetzende Position identifizieren lässt. Die Personalauswahl zählt zu den bedeutsamsten Investitionen in die Zukunft jedes Unternehmens. Die falsche Wahl, die hier getroffen wird, kostet den Unternehmen wertvolle Ressourcen und werden später oft teuer bezahlt. Die neu eingestellten Mitarbeiter sind beispielsweise nur mäßig produktiv, bringen keinerlei Innovation in das

Unternehmen ein, können Kunden nicht binden, verursachen Unruhe und Konflikte am Arbeitsplatz oder schädigen sogar bewusst ihren derzeitigen Arbeitgeber (Kanning, 2015, S. 3).

Die vorliegende Arbeit beschäftigt sich daher mit den Ansätzen und den Schritten, um eine erste empirisch geprüfte Testversion für die Überprüfung des Konstrukts der Lernfähigkeit für den Einsatz im Recruiting vorlegen zu können. Dazu erfolgt im zweiten Kapitel ein Überblick über die theoretischen Grundlagen der Testkonstruktion. Im nachfolgenden Kapitel drei wird auf das methodische Vorgehen eingegangen, bei dem zunächst das Konstrukt der Lernfähigkeit definiert und operationalisiert und im weiteren Verlauf auf die Testplanung sowie Testkonstruktion eingegangen wird. Den Abschluss bilden die Kapitel vier mit einer kritischen Diskussion über das methodische Vorgehen sowie das Kapitel fünf mit einem kurzen Fazit und Ausblick.

## 2 Theoretische Grundlagen der Testkonstruktion

Der konkrete Ablauf einer wissenschaftlichen Untersuchung hängt von unterschiedlichen Faktoren ab: vom jeweiligen Erkenntnisinteresse, von den zur Verfügung stehenden Ressourcen sowie von der Komplexität der Forschungsfrage. Diese Faktoren beeinflussen das Forschungsdesign maßgeblich. Die empirische Forschung ist dabei ein systematischer Prozess zur Gewinnung empirischer Erkenntnisse, die von einer interessierenden und relevanten Fragestellung ausgehend Informationen gewinnt und die gewonnenen Erkenntnisse nutzt.

In diesem Abschnitt erfolgt daher die Darstellung der methodischen Vorgehensweise einer Testentwicklung in Form einer geregelten und nachvollziehbaren Anwendung des Erhebungsinstruments der Befragung mittels eines Fragebogens.

Mittels psychologischer Testverfahren wie Tests und Fragebögen können Probanden hinsichtlich ihrer Merkmalsausprägung einer metrisch vergleichbaren Einschätzung unterzogen werden. Bei der Testkonstruktion sind dabei zahlreiche Aspekte zu berücksichtigen, die eine Quantifizierung und die Zuordnung von nummerischen Testwerten zu jedem Probanden hinsichtlich dessen Merkmalsausprägung ermöglichen. In diesem Kapitel erfolgt eine Übersicht des Entwicklungsprozesses eines Fragebogens, bei dem zunächst die Gütekriterien erläutert werden. Darauf folgt eine Unterteilung in eine Planungs- und Konstruktionsphase. In der Planungsphase erfolgen die Eingrenzung und die Definition des Merkmals oder der Ausprägung welches erfasst werden soll. Die Konstruktionsphase umfasst die Aspekte des Geltungsbereichs, die Zielgruppe, Testlänge und –zeit sowie den Testaufbau.

## 2.1 Gütekriterien

In der empirischen Forschung wird verlangt, dass die Vorgehensweise einer wissenschaftlichen Erhebung bestimmten Qualitätsanforderungen entspricht, die entsprechend überprüfbar sind. Vor allem trifft dies bei wissenschaftlichen Messinstrumenten wie Tests und Fragebögen zu, die nicht direkt beobachtbare Merkmale erfassen und die mittels Operationalisierungen des zu überprüfenden Merkmals in Form von Testitems erhoben werden. Diese Fragebögen/Tests müssen wissenschaftlichen Qualitätsanforderungen entsprechen, um sich von Laienfragebögen zu unterscheiden und um möglichst genaue Aussagen über die individuellen Merkmalsausprägungen zu ermöglichen. Als Instrument zur Beurteilung der Qualität dienen hierbei die Gütekriterien. Je nach Fragestellung werden in der Fragebogen- und Testkonstruktion unterschiedliche Qualitätsansprüche berücksichtigt. Diese basieren auf international vereinheitlichte Standards (Moosbrugger & Kelava, 2020, S. 16-17).

Nach Lienert (1969) können hierbei zwischen Haupt- und Nebengütekriterien unterschieden werden. Als Hauptgütekriterien sind die Objektivität, Reliabilität und Validität zu nennen. Die Skalierung, Testökonomie, Zumutbarkeit, Unverfälschbarkeit, Nützlichkeit und Normierung stellen die Nebengütekriterien dar (Häcker, 1994, S. 231).

Zur Erfüllung des wissenschaftlichen Standards bei den Messinstrumenten Fragebogen und Tests werden die Gütekriterien der Reliabilität und Validität als unumgänglich angesehen, wobei sich die Reliabilität auf die Messgenauigkeit bzw. die Zuverlässigkeit eines Tests bezieht, welches durch empirische Verfahren überprüfbar ist. Eine Erhebung gilt als reliabel, wenn bei einer Messwiederholung unter denselben Bedingungen und an denselben Gegenständen sie zum selben Ergebnis gelangen. Diese lässt sich anhand einer Untersuchungswiederholung, der so genannten Retest-Methode oder einer Paralleltest-Methode, ermitteln. Als Maß gilt der Reliabilitätskoeffizient, der sich aus Korrelation der beiden Erhebungen definiert.

Die Validität hingegen konzentriert sich auf die Gültigkeit eines Tests und gilt als das wichtigste Messkriterium. Dieser gibt den Grad der Genauigkeit an, bei dem die Erhebung das zu messende Merkmal auch tatsächlich misst (Moosbrugger & Kelava, 2020, S.30).

## 2.2 Planungsaspekte

Dieser Abschnitt befasst sich mit der Planungsphase und umfasst folgende Inhalte: die Eingrenzung und die Definition der zu erhebenden Variable, der Art des Testverfahrens, die Aspekte des Geltungsbereichs, die Zielgruppe, Testlänge und -zeit sowie den strukturellen Testaufbau.

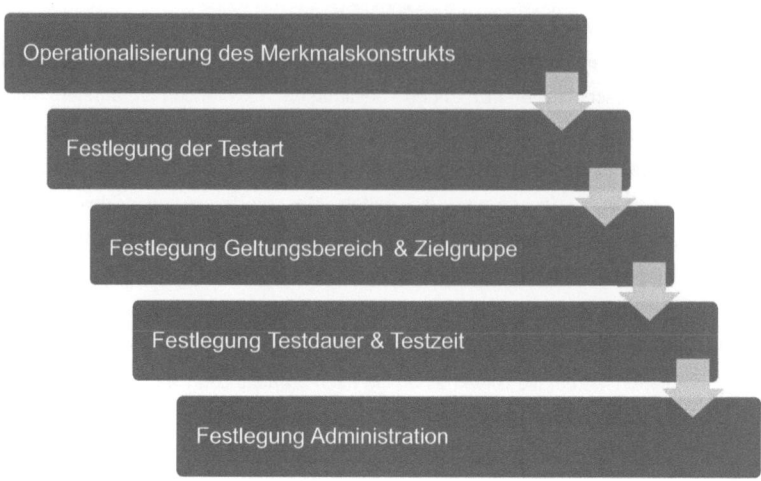

**Abbildung 1:** Planungsphasen (Eigene Darstellung, modifiziert nach Moosbrugger & Kelava, 2020, S.78).

### Eingrenzung der Variable und ihre Definition

Zu Beginn jeder Planung fallen zunächst einige grundlegende Entscheidungen bezüglich der zu erhebenden Variable und der Art des Testverfahrens an. Dazu wird zunächst das zugrundeliegende Interessenmerkmal definiert und dieses möglichst präzise eingegrenzt. Als Grundlage hierfür wird eine Literaturrecherche durchgeführt, bei der vorhandene theoretische und empirische Befunde sowie bereits vorliegende Tests mit einzubeziehen sind (Moosbrugger & Kelava, 2020, S. 41).

Die Definition eines Merkmals nach Moosbrugger & Kelava (2020) lautet wie folgt: „Bei einem Merkmal handelt es sich um eine (numerisch erfassbare) Variable, hinsichtlich derer sich verschiedene Personen (allgemeiner: Merkmalsträger) unterscheiden. Mit Merkmalsausprägung bezeichnet man eine quantitative oder qualitative Angabe darüber, welche Größe das Merkmal bei einer untersuchten Person aufweist."

### Geltungsbereich und Zielgruppe

Der Geltungsbereich ist als Einsatzmöglichkeit und Anwendungsbereich von Testverfahren zu verstehen. Dieser legt fest, dass der Test auch die erforderlichen Informationen zur Beantwortung der zugrundeliegenden Fragestellung liefert. In der Planungsphase gilt auch festzulegen, wie genau das Messverfahren sein soll, es betrifft demnach ebenfalls die Aspekte der Validität. Für die Individualdiagnostik, beispielsweise ein Test zur Feststellung einer Lernschwäche, muss eine wesentlich genauere Messmethode angewandt werden, als für ein Screeningverfahren, welches nur eine grobe Einordnung einer breiten Anwendermasse erheben soll.

Ein weiterer Gesichtspunkt ist die Betrachtung der Enge oder Weite des Erhebungsmerkmals. Dabei gilt, umso enger ein Konstrukt definiert ist, desto genauer kann es erfasst werden und umso eingegrenzter ist auch sein inhaltlicher Geltungsbereich. Man kann also festhalten, je breiter und je genauer ein Test ein Merkmal erheben soll, umso höher ist die Anzahl der benötigten Items und desto länger wird das Testverfahren.

Bei der Festlegung des Geltungsbereichs muss ebenfalls vor Konstruktionsbeginn die Zielgruppe definiert werden, also der Personenkreis über den mittels des Testverfahrens Rückschlüsse gezogen werden sollen. Die Zielgruppe kann entweder homogen oder heterogen sein. Als homogen werden sehr spezifische Definitionen gemeint, beispielsweise Studierende der SRH Fernhochschule im ersten Semester oder pharmazeutisch-technisches Personal in der öffentlichen Apotheke. Dabei gilt zu beachten, je breiter und somit heterogener eine Zielgruppe festgelegt wurde, desto höher müssen die Anforderungen des Testverfahrens sein (Moosbrugger & Kelava, 2020, S. 50-51).

**Testart**

Die Festlegung der geeigneten Testart richtet sich nach Grundlage des zu erhebenden Merkmals. Auch wenn es sich bei den Erhebungsmerkmalen um unterschiedliche Persönlichkeitsvariablen handelt, ist es sinnvoll psychologische Testverfahren in Leistungs- und Persönlichkeitstest zu unterscheiden (Moosbrugger & Kelava, 2020, S. 44).

Bei psychologischen Leistungstest wird die Dimension der kognitiven Leistungsfähigkeit anhand der Bewältigung von spezifischen Aufgaben erfasst. Dazu muss die Testperson das Lösen von Aufgaben oder Problemen, das Abrufen von Wissen, ihr Können, Ausdauer oder Konzentrationsfähigkeit unter Beweis stellen. Leistungstests sind dadurch gekennzeichnet, dass die Bearbeitung oder Beantwortung der Testaufgaben in inhaltlich-logischem Sinne als richtig oder falsch bewertet werden kann (Rost, 2004, S. 43).

Unter Persönlichkeitstests oder –fragebögen werden diverse Erhebungsverfahren zusammengefasst. Wie die Erfassung stabiler Eigenschaften oder temporärer Zustände, Symptomen oder Verhaltensweisen sowie Instrumente zur Messung von Motivation, Interessen, Meinungen und Einstellungen.

Persönlichkeitstests erfassen Personenmerkmale anhand des Abrufs kognitiv repräsentierter Eigenschaften, wobei es keine optimale Ausprägung der interessierenden Persönlichkeitsmerkmale gibt. Die Probanden müssen dazu alle vorgegebenen Aufgaben bearbeiten. Es gibt keine richtigen oder falschen Lösungen, es werden dabei die für die jeweilige Merkmalsausprägungen charakteristischen

Gesichtspunkte erhoben und die Antworten symptomatisch für eine hohe oder für eine niedrige Merkmalsausprägung bewertet (Moosbrugger & Kelava, 2020, S. 47).

**Testlänge und Testzeit**

Lienert und Raatz (1998) definieren diese beiden Begriffe wie folgt. Die Testlänge bezieht sich auf die Anzahl der zu bearbeitenden Items und die Testzeit versteht sich als angesetzter Zeitraum, um die Bearbeitung durchzuführen.

Bei der Festlegung der Testlänge sind verschiedene Aspekte zu berücksichtigen. Zum einen müssen genügend Items vorhanden sein, um die Merkmalsbreite adäquat abzudecken und zum anderen müssen eine ausreichende Anzahl an Items vorhanden sein, damit die gewünschte Reliabilität erreicht wird. Mit zunehmender Testlänge steigt die Reliabilität. Welche Testlänge tatsächlich als angemessen gilt ist abhängig vom Geltungsbereich und der Zielgruppe.

So benötigen Testverfahren, die breit definierte Konstrukte erfassen, wie beispielsweise Persönlichkeitstests, eine hohe Item-Anzahl, während Testverfahren mit mehrdimensionalen und klar definierten Konstrukten mit einer geringeren Item-Anzahl auskommen.

Die Testlänge beeinflusst wiederum die Testzeit. Hier sind ebenfalls die Zielgruppe und der Geltungsbereich zur Festlegung zu berücksichtigen. Berücksichtigt werden sollte zum einen die Praktikabilität des Tests und zum anderen die Motivation der Probanden. Wird ein Test von den Teilnehmern als subjektiv zu lang empfunden, sinkt die Bearbeitungsqualität, wobei dann nicht von einer adäquaten Testbearbeitung, sondern von einem verfälschten Testergebnis ausgegangen werden kann. In der Konsequenz sinkt demnach die Validität der Erhebung. Dieser Punkt fällt dann unter Fehlerquellen, die es zu vermeiden und einzuschränken gilt (Moosbrugger & Kelava, 2020, S. 30-31).

**2.3 Konstruktionsphase**

Unter Berücksichtigung der genannten Aspekte in der Planungsphase, wird in der Konstruktionsphase das konkrete Vorgehen bei der weiteren Entwicklung des Fragebogens erläutert. Hierbei ist eine Reihe aufwendiger Arbeitsschritte durchzuführen, die in der Abbildung 2 schematisch dargestellt werden. Am Ende der genannten Prozesse steht dann ein fertig entwickelter Test zur Verfügung, der den erforderlichen psychometrischen Qualitätsansprüchen entspricht.

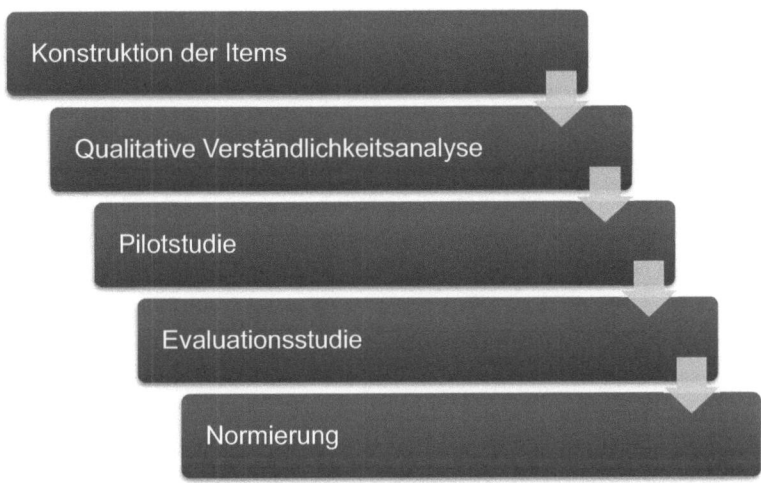

**Abbildung 2:** Phasen der Testkonstruktion (Modifiziert nach Moorbrugger & Brandt, 2020, S. 58).

### 2.3.1 Itemkonstruktion und Antwortverhalten

**Erstellung eines Itempools**

Bei der Itemgenerierung steht das Ziel im Mittelpunkt, repräsentative und inhaltsvalide Operationalisierungen des Erhebungsmerkmals zu identifizieren, um diese in entsprechende Aufgaben/Items abzubilden. Dabei gilt zu beachten, dass die Items das gesamte Spektrum des interessierenden Merkmals abdecken, um dieses in vollem Umfang abzubilden. Liegt eine Unterrepräsentation in der Testkonstruktion vor, kommt es zu einem Mangel, der im weiteren Verlauf nicht mehr ausgeglichen werden kann. Zur Identifikation relevanter Inhalte können die systematische Literaturrecherche, die Expertenbefragung oder auch Delphi-Technik genannt sowie eine Betroffenenbefragung angewendet werden (Moorbrugger & Brandt, 2020, S. 69-70).

Es gibt verschiedene Varianten der Itemkonstruktion, zum einen ist die rationale oder deduktive Konstruktion zu nennen. Diese setzt die Grundannahme voraus, dass über bedeutsame Dimensionen Iteminhalte identifiziert werden können, bei denen nach Ausprägung auf der latenten Dimension eine Rangordnung erfolgen kann, beispielsweise betrübt, traurig, hoffnungslos. Desweitern ist die induktive Itemkonstruktion zu nennen, bei der eine Sammlung von Items, die für den Konstruktbereich als repräsentativ angesehen sind, erfolgt. Bei dieser Form fließen also keine expliziten Annahmen über dimensionale Strukturen mit ein. Eine weitere Variante besteht in der Adaption bestehender Testitems/-skalen für eine neue Population, erweiterte Fragestellung oder Anwendungsbereiche.

Für den Itempool sind grundsätzlich mehr Items zu generieren, als letztendlich in den endgültigen Fragebogen kommen, da man davon ausgehen kann, dass sich bei der Skalen- oder Itemanalyse Items als ungeeignet herausstellen.

Die Formulierungen der Items sind so vorzunehmen, dass zum einen die Einfachheit eingehalten wird, also Fremdwörter oder komplizierte Satzkonstruktionen vermieden werden. Es ist auf Kürze und Neutralität zu achten, insbesondere soll die Suggestivität oder Hinweise auf soziale Erwünschtheit vermieden werden. Die Inhalte sollen eindeutig und konkret sein, also der Bezug zu genau einem Sachverhalt zuordenbar sein. Dabei sind hypothetische und spekulative Inhalte zu vermeiden. Ebenfalls sind zeitliche Angaben eindeutig zu benennen, beispielsweise in den letzten zwei Wochen. Weiterhin gilt es darauf zu achten, dass Negationen vermieden werden, insbesondere doppelte Verneinungen. Generell sind mögliche Antwortverzerrungen durch response bias zu beachten. Damit sind Verzerrungen gemeint, die bei der Bearbeitung des Fragebogens den Probanden dazu veranlassen können, die Antworten nicht in Einklang mit seiner eigentlichen Selbsteinschätzung zu geben (Wirtz, 2017).

Zusammenfassend lässt sich sagen, dass bei der Formulierung der Items einschlägige Richtlinien zu beachten sind, um Probleme durch semantisches und pragmatisches Verständnis zu vermeiden. Hierzu hat Porst (2000, S. 831-839) die „10 Gebote der Fragenformulierung" zusammengefasst, die im Folgenden aufgeführt sind:

1. Du sollst einfache, unzweideutige Begriffe verwenden, die von allen Befragten in gleicher Weise verstanden werden!
2. Du sollst lange und komplexe Fragen vermeiden!
3. Du sollst hypothetische Fragen vermeiden!
4. Du sollst doppelte Stimuli und Verneinungen vermeiden!
5. Du sollst Unterstellungen und suggestive Fragen vermeiden!
6. Du sollst Fragen vermeiden, die auf Informationen abzielen, über die viele Befragte mutmaßlich nicht verfügen!
7. Du sollst Fragen mit eindeutigem zeitlichen Bezug verwenden!
8. Du sollst Antwortkategorien verwenden, die erschöpfend und disjunkt (überschneidungsfrei) sind!
9. Du sollst sicherstellen, dass der Kontext einer Frage sich nicht (unkontrolliert) auf deren Beantwortung auswirkt!
10. Du sollst unklare Begriffe definieren!

Des Weiteren gilt bei Regeln zur Formulierung von Fragebogenitems, dass es sich dabei nicht um feste, unumstößliche Vorgaben handelt, die immer blind ihre Anwendung finden. Es liegt immer ein gewisser Interpretationsspielraum vor. Einige Regeln stehen gelegentlich sogar in Konkurrenz zueinander. Die Regeln sollen eine Unterstützung sein und dienen als Instrumentarium, um gute Fragen zu formulieren (Porst, 2000 S. 840).

**Auswahl eines Antwortformats**

Die einzelnen Items unterliegen der Unterscheidung nach ihrem Inhalt und ihrer Form, wobei eine Unterscheidung nach inhaltlichen Gesichtspunkten eher als beliebig anzusehen ist und hier nicht von Bedeutung. Relevanter ist vielmehr die Differenzierung der Items nach ihrer Form in geschlossene, halboffene oder offene Fragen.

Geschlossene Fragen haben nur eine begrenzte Anzahl möglicher Antwortkategorien, bei denen die Probanden ihre Antworten einpassen müssen. Es erfolgt eine weitere Unterteilung in der Anzahl der Antwortmöglichkeiten, Einfachnennung oder Mehrfachnennung.

Bei halboffenen Fragen gibt es eine Reihe von Antwortoptionen und zusätzlich die Möglichkeit sich in einem Textfeld zu äußern. Hierbei handelt es sich um das Feld „sonstige".

Die offenen Fragen verwendet man, wenn keine vorgegebenen Antwortoptionen vorgeschrieben werden sollen. Dafür wird ein Textfeld eingefügt, das den Probanden ermöglicht, frei auf die Frage zu antworten. Die Anzahl der Zeichen können begrenzt werden, um nicht zu lange Texte zu erhalten und so die Bearbeitung der Ergebnisse zu erleichtern (Porst, 2000 S. 51ff).

Die Beantwortung einer Frage kann als Prozess des Messens angesehen werden. Dabei erfolgt eine regelhafte und kodifizierte Zuordnung von Symbolen oder Ziffern zu Aspekten oder Ausprägungen manifester oder latenter Variablen. Das hierbei zugrundeliegende Bezugssystem bezeichnet man als Skala. Diese Skalen weisen unterschiedliche Skalenniveaus auf. In Abhängigkeit dieses Niveaus erfolgt die Klassifizierung in Nominal-Skalen, Ordinal-Skalen, Intervall-Skalen und Ratio-Skalen.

Die Antwortformate werden bei Leistungstests vom Inhaltsbereich, beispielsweise Intelligenz oder Kreativität und von testspezifischen Konstruktionscharakteristika mitbestimmt. Hiermit sind Multiple-Choice-Antwortformate, offene Antwortformate und gemeint.

Bei Fragebögen dagegen werden die subjektiven Ausprägungseinschätzungen mittels ordinaler Ratingskalen erfasst. Hier müssen die Voraussetzungen für die statistischen Auswertungsverfahren gegeben sein.

Die Nutzung empirischer Standardratingformate stellt das vorausgesetzte Intervallskalenniveau der Daten sicher, für die zumindest approximativ intervallskalierte Daten resultieren, also beispielsweise 4- oder 5-stufige Formate oder bei denen nur die Extremkategorien benannt sind, wie „trifft überhaupt nicht zu" = „$-2$", „$-1$" , „0", „$+1$", „2" = „trifft ganz genau zu".

Wird die neutrale Mittelkategorie wie die „0" verwendet, gilt es zu bedenken, dass eine kritische Tendenz zur Mitte bei schwierigen Befragungsinhalten oder bei unmotivierten Probanden besteht.

Von einer Ausweichkategorie wie beispielsweise „Item kann aus inhaltlichen Gründen nicht beantwortet werden" wird abgeraten, da aufgrund der niedrigschwelligen Auswahl dieser Ausweichkategorien die Datenqualität und Auswertungsoptionen stark reduziert sein kann (Wirtz, 2017).

Eine wesentliche Rolle bei der Itemgenerierung bezieht sich auf die Frageform, also die Art und Weise, wie die Fragen gestellt werden, um Informationen zum Erhebungsmerkmal zu erhalten. Folgende Kategorisierungsaspekte sind dabei zu beachten. Zum einen erfolgt die Überlegung der Formulierung, ob eine direkte oder indirekte Erfragung des Erhebungsmerkmals gewählt wird. Direkte Fragen sprechen das von Interesse zeugende Merkmal direkt an, beispielsweise „Sind sie ängstlich?". Indirekte Fragen dagegen erfragen zum Beispiel nach Verhalten in bestimmten Situationen, wie „Fühlen Sie sich unsicher, wenn Sie nachts allein auf der Straße unterwegs sind?", um dann Rückschlüsse auf das Erhebungsmerkmal zu ziehen. Wird die direkte Frageform gewählt gilt es zu bedenken, dass nicht immer von einer individuellen Übereinstimmung bezüglich der Bedeutung der Frage ausgegangen werden kann. Das in der direkten Frage angesprochene Merkmal kann von den Probanden unterschiedlich aufgefasst werden. Gut gewählte indirekte Verhaltensindikatoren geben einen sicheren Rückbezug bei der Interpretation des Erhebungsmerkmals (Moorbrugger & Brandt, 2020, S. 73).

**Itemreihenfolge**

Bei der Anordnung der Items aus denen der Fragebogen zusammengesetzt ist, gilt es ebenfalls einige Gesichtspunkte zu beachten, da die Reihenfolge einen ergebnisverfälschenden Einfluss auf die Itembeantwortung haben kann. Hier sind vor allem Anker-, Konsistenz-, Subtraktions- und Testlet-Effekte zu nennen.

Ankereffekte sind durch ein Aufeinanderfolgen von Informationen und Items auftretenden Effekt gemeint, der im weiteren Sinne einen Priming-Effekt darstellt und als urteilsheuristischer Effekt verstanden werden kann. Konsistenzeffekte oder auch Assimilationseffekte entstehen dadurch, dass Testpersonen versuchen, ein konsistentes Bild in ihrem Antwortmuster darzustellen. Von Subtraktionseffekten wird sprochen, wenn durch die Beantwortung einer Frage das Bewusstheit für einen bestimmten Sachverhalt geändert wird, was zu einer veränderten Einschätzung der Folgefrage führt. Testlet-Effekte treten dann auf, wenn mehrere Fragen zu einem gemeinsamen Itemstamm, so genannten Testlet, gestellt werden.

Um die genannten Effekte zu vermeiden, sollten die einzelnen Fragen nicht über den gesamten Fragebogen verteilt, sondern in sich in zusammenhängende Themenbereiche gegliedert sein. Die Reihenfolge der Themenbereiche sollten nach der für die befragte Zielgruppe vermuteten Relevanz abfallend gegliedert werden. Bei den Items innerhalb der Themenblöcke gilt dies ebenfalls. Des Weiteren gilt, vom Allgemeinen zum Konkreten und vom Einfachen zum Abstrakten zu wechseln.

Für den fließenden Übergang in den nachfolgenden Fragenabschnitt können Übergangsfragen eingebaut werden, um den Beantwortungsfluss nicht zu stören (Schnell et al, 1999, S. 321).

### 2.3.2 Erprobung der Items und abschließende Normierung

**Qualitative Verständlichkeitsanalyse der Items**

Eine erste qualitative Überprüfung der erzeugten Items erfolgt anhand einer ersten Revision. Diese ermöglicht einen Einblick in die Verständlichkeit der einzelnen Items. Hier werden alle Items, bei denen es zu Verständnisschwierigkeiten kommt oder die nicht den Ansprüchen genügen, entweder ausgemustert oder nachgebessert. Erfolgt diese Prüfung nicht mit gewisser Sorgfalt, resultieren Mängel in der Testkonstruktion, die sich auch nicht mit ausgeklügelten statistischen Analysetechniken beheben lassen. Ebenfalls können in dieser anfänglichen Erprobungsphase erste technische Probleme ausgemacht und behoben werden. Wichtig ist, dass unter möglichst realistischen Rahmenbedingungen diese Ersterprobung stattfindet, mit Personen aus der Zielgruppe. Dabei genügen auch kleine Stichproben, wenn die Itemkonstruktion sehr sorgfältig durchgeführt wurde. Für die Verständlichkeitsüberprüfung stehen unterschiedliche Techniken zur Auswahl. Hier ist zum einen das kognitive Vortesten (*cognitive pretesting*), verbunden mit der Technik des lauten Denkens (*think aloud*) zu nennen. Des Weiteren sind die Techniken der retrospektiven Befragung der Testpersonen, die Verhaltenskodierung (*behavior coding*) sowie die Durchführung von Interviews in Form eines so genannten *Debriefings* zu nennen. Die aufgeführten Techniken haben ihre Vor- und Nachteile. Welche bei der Erprobung angewendet wird ist vom vertretbaren Aufwand, der Testart, der Aufgabenkomplexität und dem Aufgabentyp abhängig (Moorbrugger & Brandt, 2020, S. 59).

**Empirische Erprobung der vorläufigen Testversion**

Nachdem der vorläufige Itempool festgelegt wurde, kann eine erste empirische Erprobung, die Pilotstudie, an einer kleineren Stichprobe durchgeführt werden. Die Pilotstudie ermöglicht die Berechnung erster statistischer Kennwerte, indem quantifizierte Informationen über die Qualität der Items gewonnen werden. Hierbei werden diese identifiziert, die den Konstruktansprüchen am besten genügen. Die gewonnenen Informationen bestehen aus deskriptiven Statistiken zu den jeweiligen

Items wie Schwierigkeitsindizes, Itemvarianzen und Itemtrennschärfe. Werden hier Schwierigkeiten erkannt, wie beispielsweise Items die keine geeignete Itamvarianz aufweisen oder die Itemtrennschärfe nicht den Anforderungen entsprechen, werden die Items aus dem Konstrukt entfernt. Diese Items können keine Informationen über die Verschiedenheit der Merkmalsausprägungen der Testpersonen liefern.

Nach der Durchführung der Pilotstudie resultiert eine zweite, revidierte vorläufige Testversion (Moorbrugger & Brandt, 2020, S. 60).

**Evaluationsstudie**

In der nachfolgenden empirischen Erprobung, der Evaluationsstudie, werden anhand einer größeren, möglichst repräsentativen Stichprobe erste Ergebnisse der Itemanalyse generiert sowie weitere umfangreiche Analysen vorgenommen. Diese Phase liefert Aussagen zur Passung der Items mit dem zugrunde gelegten psychometrischen Modell und den externen Validitätskriterien. Diese bilden zusammen die Voraussetzung für die Anwendbarkeit des Fragebogens und für die Belastbarkeit der Testergebnisse.

Damit aus den gegebenen Antworten der jeweiligen Probanden ein zusammenfassender Testwert für das Erhebungsmerkmal oder die untersuchte Dimension gebildet werden kann, müssen bestimmte Voraussetzungen gegeben sein.

Demzufolge werden die Items nicht nur nach den beschriebenen Prinzipien und Strategien geprüft, sondern es sind noch weitere Überlegungen erforderlich, wie die Stichprobenwahl, die Wahl des testtheoretischen Modells für die psychometrische Beurteilung und die Testbatterie, die den Validierungszwecken des neuen Verfahrens dient.

Ist zum Schluss der empirischen Erprobung keine weitere Revision des Fragebogens erforderlich, ist die Testentwicklung bis auf die Normierung abgeschlossen (Moorbrugger & Brandt, 2020, S. 60-61).

**Normierung der endgültigen Testform**

Zur objektiven und metrischen Beurteilung der Testergebnisse einzelner Probanden in Relation zur Merkmalsausprägung der Zielpopulation, wird mittels einer großen und repräsentativen Stichprobe, auch Eichstichprobe genannt, eine geltende Verteilung der Testwerte ermittelt. Auf dessen Grundlage können dann Normentabellen erstellt werden. Die Normentabellen erlauben eine standardisierte Prozentrangaussage über die Merkmalsausprägung eines Probanden im Vergleich zu den Ausprägungen in der Eichstichprobe bzw. der Zielpopulation. Ein Prozentrang (PR) von 75 bedeutet beispielsweise, dass 75% der Merkmalsträger innerhalb der Eichstichprobe eine Testleistung aufweisen, die niedriger/schwächer/kleiner oder gleich ausgeprägt ist als die der Probanden. Weiterhin besagt der Wert, dass nur durch 25% die Merkmalsausprägung übertroffen wird.

Im Hinblick auf die Zusammensetzung der Eichstichprobe müssen genaue Überlegungen erfolgen, damit die Zielpopulation repräsentativ abgebildet werden kann. Bei den einzelnen Erprobungsschritten ist darauf zu achten, diese jeweils mit separaten Stichproben durchzuführen, da eine wiederholte Heranziehung derselben Stichprobe eine systematische Verzerrung und eine fehlerhafte Schlussfolgerung nach sich ziehen können, die es zu vermeiden gilt (Moorbrugger & Brandt, 2020, S. 62-63).

## 3 Methodisches Vorgehen

In diesem Kapitel werden die Erkenntnisse aus dem vorangegangenen Kapitel 2.2 anhand eines konkreten Beispiels, dem Konstrukt der Lernfähigkeit, näher beleuchtet. Das methodische Vorgehen zur Erfassung der Lernfähigkeit orientiert sich an den zu Grunde liegenden Planungsaspekten. Im Verlauf wird auf die Testplanung und die Testkonstruktion eingegangen.

### 3.1 Testplanung

**Operationalisierung des Konstrukts Lernfähigkeit**

Die Operationalisierung versteht sich als Prozess, bei dem zu einem bestimmten Begriff, hier die Lernfähigkeit, präzise Handlungsanweisungen für die Forschungsfrage gegeben werden. So kann anhand dieser Operationalisierung entschieden werden, ob mit dem entsprechenden Begriff ein bezeichnetes Phänomen vorliegt oder nicht. Dieser Prozess muss durchgeführt werden, damit eine Variable beobachtbar wird. Die operationale Definition ist demnach das Ergebnis der Operationalisierung. Es erfolgt eine Unterscheidung zwischen Begriffen mit direktem und indirektem empirischen Bezug. Direkt oder unmittelbar beobachtbar ist zum Beispiel die Anzahl der in einem Raum vorhandenen Personen.

Begriffe mit indirektem empirischen Bezug, die sogenannten Konstrukte, sind dagegen nicht unmittelbar beobachtbar, wie in dem vorliegenden Beispiel die Lernfähigkeit. Darin liegt auch die Schwierigkeit, diese Form der Begriffe anhand der Realität festgelegten Indikatoren messbar zu machen. Daraus ergibt sich die Notwendigkeit entsprechende Indikatoren zu bilden, die es ermöglichen den Begriff in wahrnehmbare Phänomene und demnach auf das Vorhandensein zu schließen. Die Indikatoren bilden die Grundlage für die weitere Ausgestaltung der jeweiligen Untersuchungsmethode. Bei dem hier zu Grunde liegenden Instrument, dem Fragebogen, schließt sich die Entwicklung entsprechender Items an (Reinhardt, 2015, S. 14-15).

Tatsache ist, jeder Mensch lernt. Ohne Kenntniszuwachs kann ein Mensch nicht überleben, dieses ist eine anthropologische Tatsache. Das bedeutet, wir lernen, weil und damit wir leben. Das sozialisatorische Lernen im Alltag, durch unmittelbare Weitergabe von Kenntnissen und Fertigkeiten der älteren Generation an die Jüngeren, war die erste Form des Lernens. In der heutigen Zeit besteht eher eine vom Leben abgetrennte Lernsituation, die aus einem Lehrenden, der einen Wissens- oder Kompetenzvorsprung aufweist, gegenüber einem Lernenden. Das Ziel des Lernens besteht dabei in der Aufhebung dieses Unterschiedes.

Aus Sicht der Bildungswissenschaft umfasst der Lernbegriff verschiedene Dimensionen, beispielsweise die Inhaltsdimension. Diese beschreibt die Aneignung neuer Lerninhalte, also Fertigkeiten oder Kenntnisse. Setzen wir uns mit unserer Umwelt auseinander macht jeder abhängig von den eigenen Interessen neue Erfahrungen. Die neu gewonnenen Erkenntnisse führen zu einem Transformationsprozess, das ebenfalls ein Umlernen oder Verlernen zur Folge haben kann. Lernen wird demnach als ganzheitlicher Prozess verstanden und ist ein lebensbegleitendes Phänomen, dass sich nicht nur auf das Lernen in Institutionen wie die Schule oder Universität bezieht. Jeder lernt etwas, sei es bei der Ausübung seiner Hobbys, bei einer Wanderung, beim Backen oder Kochen oder bei einem negativen Ereignis wie einem Unfall. Lernen findet immer und überall statt (Zinoun, 2014).

In der Pädagogik gilt das Lernen als gegebene anthropologische Konstante sowie als ursprüngliches Können. Demnach muss Lernen nicht erst erworben werden, man kann also nicht erst das Lernen lehren und dann wird erst gelernt. Selbst wenn Widerstand und Widerwillen gegenüber dem Lernen bestehen, wird davon ausgegangen, dass Personen trotzdem etwas lernen (Prange, 2002, S. 6).

In der Psychologie wird unter dem Begriff Lernfähigkeit der absichtliche, beiläufige, individuelle oder kollektive Erwerb von geistigen, körperlichen, sozialen Kenntnissen, Fähigkeiten und Fertigkeiten verstanden. Lernfähige Lebewesen besitzen einen Überlebensvorteil, indem sie durch Lernen die Zukunft vorhersagen können und somit ihr Verhalten dementsprechend anpassen können, um größtmögliche Erfolge zu erzielen. Der Mensch ist durch seine besonders hohe Lernfähigkeit im Vorteil, gegenüber den Tieren. Jedoch müssen nahezu alle menschlichen Fähigkeiten, aufgrund der Unvollkommenheit der genetischen Ausstattung bei der Geburt, durch Lernprozesse erworben werden. Das menschliche Gehirn ist bis ins hohe Alter in der Lage neues Wissen zu verarbeiten und zu behalten.

Unter lernpsychologischen Aspekten wird Lernen als Prozess der relativ stabilen Veränderungen des Verhaltens, Denkens oder Fühlens auf Grundlage gemachter Erfahrungen oder neu gewonnen Einsichten verstanden (Stangl, 2021).

Die Lernfähigkeit wird nach Wirtz als Ersatzbegriff für Begabung definiert. Hierbei wird nach Kapazität, Leichtigkeit des Lernens, Nachhaltigkeit, Anregbarkeit, Lernintensität und Lernbereitschaft unterschieden. In der pädagogischen Psychologie sind vor allem die defizitären Formen von Bedeutung. Es erfolgt eine weitere Abgrenzung in Lerndiagnostik, Lernpotenzial und die Lernschwierigkeit (Wirtz, 2017).

Für die vorliegende Arbeit ist das aktive Lernen von Interesse, wie ebenfalls in der Psychologie, den Erziehungs- und den Neurowissenschaften. Hier konnten zahlreiche Studien bereits belegen, dass beim aktiven Lernen Aufmerksamkeit, Motivation und kognitive Kontrolle erhöht werden, wodurch das Gelernte besser behalten wird. Wird aus Selbstbestimmung und Eigenmotivation heraus gelernt, kann der Mensch besonders effizient lernen. Die hierbei zugrundeliegenden physiologischen Mechanismen konnten bereits identifiziert werden. Die Forschergruppe konnte ebenfalls belegen, dass die Willenskraft entscheidend ist, um Inhalte im Gedächtnis zu speichern. Was im Umkehrschluss bedeutet, dass Personen, die zum Lernen gezwungen werden, eine schlechtere Informationsspeicherung aufweisen (Estefan et al., 2021, S. 1ff).

Einen multidimensionalen Ansatz legt Paulus (1999) für die Lernfähigkeit zugrunde. Er geht dabei von zwei Hauptfaktoren aus, die als Indikatoren für das Konzept der Lernfähigkeit dienen. Diese sind zum einen die motivationalen Komponenten, die die Hoffnung auf Erfolg und die Furcht vor Misserfolg umfassen. Des Weiteren die kognitiven Lernanteile, zu denen die Volition, kognitive Lernstrategie sowie die Ressourcen zählen. In der Abbildung 3 sind die zentralen Faktoren der Lernfähigkeit schematisch dargestellt.

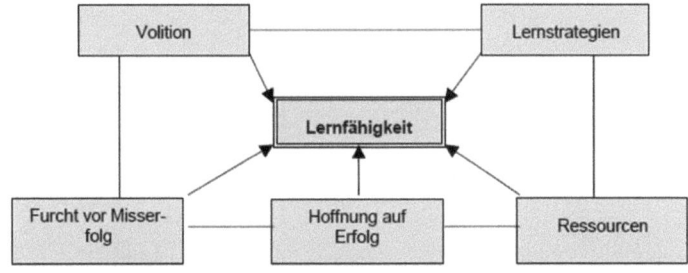

**Abbildung 3:** Zentrale Faktoren der Lernfähigkeit (Nach Paulus, 1999, S. 157).

Unter den Begriff der Ressourcen, über die jedes Individuum verfügt, fallen unter anderem die Wahl der Lernumgebung und die Bereitschaft sich mit neuen Problemstellungen auseinanderzusetzen. Wobei die Lernumgebung die äußeren Bedingungen des Lernens beschreibt. Die Ressourcen können weiter unterteilt werden in interne Ressourcen wie Konzentration, Anstrengung und Zeitmanagement und in externe Ressourcen. Unter externe Ressourcen sind außerpersonale Faktoren, wie die Arbeitsplatzgestaltung zu verstehen.

Innerhalb der kognitiven Lernstrategien konnte Paulus (1991) in seinem Modell vier weitere Faktoren identifizieren: die Wiederholung, Organisation, Herstellen eines theoretischen Bezuges zu anderen Lernthemen sowie das Herstellen eines praktischen Bezuges zur Lebensumwelt.

Ebenfalls nicht zu vernachlässigen sind die lernprozessbezogenen Rahmenbedingungen, wie Neugier, Lernmotivation und Merkfähigkeit. Diese haben jedoch keinen direkten Einfluss auf das Konzept des multidimensionalen Lernprofils und werden mehr als Vorstufe und Auslöser des Lernprozesses angesehen (Paulus, 1999, S. 157ff).

Abschließend werden die in diesem Kapitel genannten Faktoren zu einem schematisch darstellbaren Strukturbaum zusammengefasst. Dieser Strukturbaum umfasst die Indikatoren die zur Überprüfung des Konstrukts der Lernfähigkeit herangezogen werden können. Diese werden anhand des nachfolgenden Strukturbaums in der Abbildung 4 dargestellt.

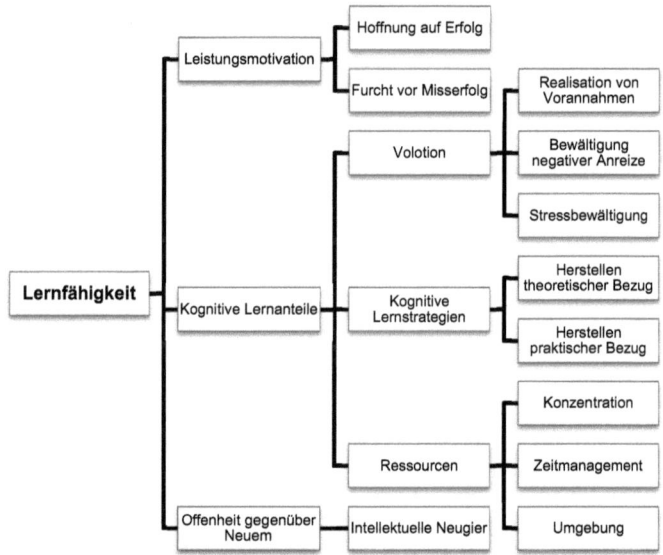

**Abbildung 4**: Strukturbaum des Konstrukts Lernfähigkeit (Eigene Darstellung, 2021).

**Festlegung der Testart**

Auf der Grundlage der vorliegenden Definition sowie der Dimensionsanalyse wird die Testart als Persönlichkeitstest gewertet. Begründet wird dieses aus den Indikatoren des vorangegangenen Strukturbaums in der Abbildung 4. Die Lernfähigkeit wird im Rahmen eines Fragebogens erfasst und mittels einer einmaligen Messung durchgeführt. Es handelt sich demnach um ein statusdiagnostisches Testvorgehen.

**Festlegung des Geltungsbereichs und der Zielgruppe**

Die Erfassung der Lernfähigkeit wird im Rahmen eines Bewerbungsverfahrens erhoben, so dass die Zielgruppe bereits durch die Stellenbeschreibung erfolgt und festgelegt ist. Da sich alle Bewerber/-innen auf die gleiche Ausschreibung bewerben und die gleiche Branche betrifft, handelt es sich um eine relativ homogene Gruppe. Dagegen und für eine heterogene Gruppe spricht die Annahme, dass die Bewerber/-innen nicht über identische Lebensläufe, ähnliche soziodemografische Hintergründe sowie über gleiche Ausprägungen der Lernfähigkeit verfügen. Demzufolge ist von einer mehr oder weniger heterogenen Gruppe auszugehen.

Aufgrund des weitgefassten Geltungsbereichs kann der Fragebogen zur Erfassung der Lernfähigkeit ebenfalls von anderen Personengruppe als Nicht-Bewerber/-innen absolviert werden. Er ist unabhängig vom Bewerbungsverfahren einsetzbar.

**Testdauer und -zeit**

Hier liegt ein Persönlichkeitstest mit einem breiten Geltungsbereich vor, so dass die Itemanzahl entsprechend hoch sein sollte. Damit die verschiedenen Dimensionen und die daraus resultierenden Kategorien in Indikatoren erfasst werden können und der Test den genannten Gütekriterien entspricht, werden pro Indikator zehn Items festgelegt. Zusätzlich werden zehn Items impliziert, die als Kontrollfragen unter anderem für das erfassen sozial erwünschten Antwortverhaltens dienen. Draus resultiert eine Gesamtitdemanzahl von 140 Items. Die Testdauer kann abschließend noch nicht festgelegt werden, da hier noch keine Durchschnittswerte zur Bearbeitungszeit der Probanden vorliegen. Hier können jedoch die Daten aus der bereits durchgeführten kleineren Evaluationsstudie zu Grunde gelegt werden. Damit wird die Testdauer auf eine Bearbeitungszeit von zwanzig Minuten geschätzt.

**Festlegung Administrationsart**

Der Fragebogen wird digital, also computerbasiert als Einzelsetting mit einer Selbsteinschätzung durchgeführt. Dieser kann zu Beginn des Bewerbungsverfahrens im häuslichen Umfeld oder über andere Medien mit Internetzugang erfolgen. Damit kann der Fragebogen ebenfalls als Vorselektion der Bewerber/-innen noch vor dem eigentlichen Bewerbungsgespräch genutzt werden. Zur Einordnung der Ergebnisse und damit vorliegenden Werteerfassung der Lernfähigkeit, können die Durchschnittswerte der Evaluationsstudie zugrunde gelegt werden. Das Unternehmen kann die Entscheidung treffen, welches Vorgehen bei Bewerbern über oder unter diesem Durchschnitt eingeleitet werden soll.

## 3.2 Testkonstruktion

### Generierung des Itempools

Als Vorüberlegung muss festgelegt werden, welche Konstruktionsform für die Items genutzt werden sollen. Im Kapitel 2.3. wurden bereits unterschiedliche Formen vorgestellt. Für den vorliegenden Fragebogen wurde die Form der geschlossenen Items mit fest vorgegebenen Antwortkategorien festgelegt. Die zugrunde liegende Skalenform basiert auf der Likert-Skala. Diese bestehen aus fünf Skalenpunkten, die in verbalisierter Form vorliegen. Jeder Skalenpunkt ist mit seinem numerischen Ausdruck der Merkmalsausprägung gekennzeichnet. Die Kodierung erfolgt von links nach rechts. Die Kategorie „Stimmt gar nicht" erhält den Wert 1 und „Stimmt voll und ganz zu" den Wert 5. Die Kategorie „Keine Angabe/Weiß nicht" wird in dem Fragebogen nicht verwendet, um tatsächlich einordnungsbare Antworten zu erhalten. Die Antwortformate sind ausformuliert und die Probanden können die bei ihnen zutreffende Antwort anwählen.

Der Fragebogen wird so strukturiert, dass die unterschiedlichen Dimensionen und damit einhergehenden Indikatoren durchmischt sind um Ankereffekte zu vermeiden. Weiterhin können so durch die Kontrollfragen, die nicht unmittelbar nachfolgend zu den kontrollierenden Items stehen, eine höhere Reliabilität und eine höhere Testqualität gewährleistet werden. Um den Reihenfolgeneffekt bei dem vorliegenden mehrdimensionalen Konstrukt entgegen zu wirken, erfolgt die Randomisierung der Items.

### Qualitative Verständlichkeitsanalyse

Zur Durchführung der qualitativen Verständlichkeitsanalyse wird die Technik des lauten Denkens, auch *think aloud* genannt, genutzt. Diese Methode kann ortsunabhängig und ebenfalls online durchgeführt werden. Die Testleitung liest dabei die Items vor und bittet den Probanden, alle Überlegungen zu formulieren, die zur Beantwortung der Frage führen. Die Antworten werden per Video aufgezeichnet, was durch die heute gängigen Videokonferenzprogramme problemlos möglich ist. Diese Methode bietet einen Einblick, ob Verständnis- und Interpretationsschwierigkeiten oder Probleme bei der Anwendung der Itemformate bestehen. Da diese Technik in Bezug auf die Durchführung sowie die Auswertung sehr aufwendig ist wird nur eine kleine Stichprobe an Probanden dafür herangezogen, bei denen darauf geachtet wird, dass unterschiedliche Altersgruppen, Berufsstand und Geschlechter berücksichtigt werden. Nach der Testdurchführung werden diese transkribiert und mittels qualitativer Inhaltsanalyse ausgewertet sowie die Ergebnisse in eine neue Testversion eingearbeitet.

**Erste empirische Überprüfung – Pilotstudie**

Bei der ersten empirischen Überprüfung werden die Daten in eine Datenmatrix übertragen, um die deskriptivstatistische Itemanalyse durchführen zu können. Dabei werden die Antworten der jeweiligen Items alle einheitlich kodiert, da es bei der Interpretation zu Fehlern kommen kann. Hier wird eine breite Streuung des Schwierigkeitskoeffizienten bei den Items angestrebt, um ebenfalls die extremen Merkmalsausprägungen erfassen zu können. Die Itemvarianz kann dabei wie die Itemschwierigkeit mittels eines Statistik-Programms berechnet werden. Weiterhin gilt es zu beachten, dass die Items eine hohe Trennschärfe, der auch Trennschärfeindex genannt wird, aufweisen. Die Trennschärfe gibt an, wie groß der korrelative Zusammenhang zwischen der Variablen der Itemwerte, der Testpersonen und der Testwertvariablen ist. Die deskriptive Trennschärfe wird als Korrelation berechnet und kann Werte im Bereich zwischen – 1 und 1 annehmen. Items, die keine Trennschärfe oder eine negative Trennschärfe ausmachen, sind aus dem Itempool zu entfernen (Moorbrugger & Brandt, 2020, S. 154).

**Zweite empirische Überprüfung – Evaluationsstudie**

Da es sich bei der Lernfähigkeit um ein mehrdimensionales Konstrukt handelts soll sichergestellt werden, dass die Items auch zu einer Dimension zusammengefasst werden können. Hierfür kann eine faktorenanalytische Dimensionalitätsuntersuchung herangezogen werden. Zur Überprüfung der Lernfähigkeit empfiehlt sich eine konfirmatorische Faktorenanalyse, kurz CFA, *confirmatory factor analysis*, durchzuführen. Zum einen wird mithilfe der CFA die Korrelation der einzelnen Faktoren miteinander bestimmt und zum anderen auch die einzelnen Zusammenhänge zwischen Items und Faktoren auf ihre Signifikanz geprüft. Darüber hinaus lassen sich zentrale Aspekte der Validität und der Reliabilität eines Tests untersuchen. Demnach kann anhand des CFA die Dimensionalität zum Nachweis der faktoriellen Validität des Tests überprüft werden.

**Normierung des endgültigen Fragebogens**

Wurden alle auftretenden Schwierigkeiten während der Erprobung erkannt und ausgebessert kann nun die endgültige Testversion erstellt werden. Dabei kann es sein, dass die Itemanzahl sich verringert hat als ursprünglich vorgesehen war. Dann ist eine Anpassung der Testdauer und Testzeit erforderlich.

Nach Normierung der endgültigen Testversion kann der Test eingesetzt werden. Es ist darauf zu achten, dass die Eichstichprobe in einem regelmäßigen Abstand wiederholt wird und gegebenenfalls die Normtabellen anzupassen sind. Dieser Prozess kann in das Qualitätsmanagement der Recruitingabteilung des Unternehmens aufgenommen werden.

# 4 Diskussion

Das Ziel der vorliegenden Arbeit liegt in der Erläuterung des theoretischen Vorgehens bei der Testkonstruktion eines Fragebogens, der die Merkmalsausprägung der Lernfähigkeit überprüfen soll. Dabei erfolgt in diesem Abschnitt zunächst eine kritische Betrachtung der hier zugrundeliegenden Methodik. Bei dem methodischen Vorgehen wurde sich nach den von Moorbrugger und Brandt beschriebenen Phasen der Testplanung und der Testkonstruktion gerichtet. Im Anschluss erfolgte eine Darstellung des Konstrukts der Lernfähigkeit mit den jeweiligen Dimensionen und Indikatoren. Auf eine Abgrenzung zum Konstrukt der Intelligenz wurde im Rahmen dieser Hausarbeit auf Grundlage der vorgegebenen Rahmenbedingungen heraus verzichtet, da diese die Kapazitäten überstiegen hätte. Bei der Literaturrecherche wurde jedoch deutlich, dass die Begriffe der Lernfähigkeit und der Intelligenz oftmals miteinander verknüpft sowie synonym verwendet werden. In der weiteren empirischen Forschung soll die Intelligenz mitberücksichtigt werden.

Weiterhin ist anzumerken, dass die Testüberprüfung einer detaillierten Betrachtung unterzogen werden kann. In der vorliegenden Arbeit wurden lediglich Aspekte beschrieben. Jedoch sind bei der Durchführung von Pretests, die dazu dienen Hinweise über die Funktionsfähigkeit des gesamten Entwicklungsprozesses einer Fragebogenentwicklung sowie deren einzelner Bestandteile zu liefern, ein tieferer Einblick möglich. Das gilt ebenfalls für die Aspekte der Stichprobenziehung, der Stichprobenrealisierung, den Fragen über die Feldbeschaffenheit und genauso die Auswertung des Befragungsinstruments.

Es gilt anzumerken, dass grundsätzlich ein erprobtes und standardisiertes Verfahren für Auswahlprozesse zu bevorzugen sind. Wird jedoch ein eigener Fragebogen konstruiert hat das den Vorteil, diesen viel individueller auf die Bedürfnisse der einzelnen Unternehmen, die diesen Fragebogen in ihrem Recruiting-Prozess nutzen möchten, einzugehen und umzusetzen. Damit haben die Unternehmen die große Möglichkeit gezielter und effektiver nach den Mitarbeitern zu suchen und vorab zu selektieren, die sie für ihre Firma und ihre Ansprüche benötigen.

Ein internetbasierter Fragebogen eingegliedert in den Bewerbungsprozess eignet sich dafür besonders gut, da eine größere Anzahl an Personen befragt werden und dieses zeitlich sowie ortsunabhängig ablaufen kann. In den letzten Jahren hat diese Form der Befragungen aufgrund der stark wachsenden Verfügbarkeit von Internetanschlüssen in der Bevölkerung stark zugenommen. Auch der zunehmende Einfluss und die Verbreitung von mobilen, internetfähigen Endgeräten, wie beispielsweise Tablets und Smartphones, machen Onlinebefragungen attraktiver, da Probanden flexibel und ungebunden darauf zugreifen können.

Bei der Nutzung einer internetbasierten Befragung sind auf die geltenden Standards zur Qualitätssicherung, vor allem im Bereich Datenschutz, zu achten. Die technische Durchführung der Onlinebefragung stellt heutzutage kein Problem mehr da, jedoch sind die soziodemographischen Strukturen aller Internetnutzer zurzeit noch nicht ausreichend erforscht und bekannt, um hier eine Aussage über repräsentative Studien über onlinebasierte Auswahlverfahren vorzunehmen.

## 5 Fazit und Ausblick

In unserer Wissensgesellschaft spielt das Lernen eine herausgehobene Rolle. Daher beschränkt sich das Lernen in der heutigen Zeit nicht mehr auf das erste Lebensdrittel, sondern ist von lebenslanger Bedeutung und lebenslanger Aktivität geprägt (Fecher et al., 2016, S.11).

Wenn wir das Wissen als entscheidende individuelle Ressource und als wichtigstes Vermögen einer volkswirtschaftlich ausgerichteten Gesellschaft betrachten, müssen diese Ressourcen auch dauerhaft gefördert werden. Durch die Digitalisierung einer sich stetig verändernden Umwelt sind kontinuierliche Lern- und Gestaltprozesse erforderlich, um den neuen Anforderungen gerecht zu werden. Gesamtgesellschaftlich sollte das lebenslange Lernen erleichtert, gefördert und demokratisiert werden, sowie die Anerkennung informell und nicht-formal erworbener Kompetenzen angestrebt werden. Die digitale Revolution und das damit einhergehende Freiheits-, Wachstums- und Wohlstandspotenzial wird an uns vorüberziehen, wenn unsere Gesellschaft nicht radikal umdenkt und einen Kulturwandel im Bereich der Bildung anstößt (Fecher et al., 2016, S.18).

Die Anpassungsfähigkeit an neue Herausforderungen sowie an berufliche Veränderungen setzen eine hohe Lernfähigkeit voraus. Die Anforderungen an Unternehmer, Führungskräfte und Arbeitnehmer werden in den nächsten Jahren weiter ansteigen. Daher ist der Fokus auf das schwer einheitlich zu bestimmende und dynamische Konstrukt der Lernfähigkeit weiter auszubauen, indem die Forschung hier weiter ansetzt.

## Literaturverzeichnis

**Bernhardt**, C. (2019). *Nonverbale Kommunikation im Recruiting.* Wie Sie passende Bewerber erkennen und für Ihr Unternehmen gewinnen. (1. Aufl.) Wiesbaden: Springer Gabler.

**Estefan**, D.P., Zucca, R., Arsiwalla, X., Principe, A., Zhang, H., Rocamora, R., Axmacher, N. & Verschure, P. (2021). *Volitional learning promotes theta phase coding in the human hippocampus.* Proceedings of the National Academy of Sciences. doi: 10.1073/pnas.2021238118.

**Fecher**, B., Schulz, W., Preiß, K. & Schildhauer, T. (2016). *Schlüsselressource Wissen: Lernen in einer digitalisierten Welt.* Alexander von Humboldt Institut für Internet und Gesellschaft. URL: tps://www.ie.foundation/content/4-publications/hiig-bdi-ief-schluesselressource-wissen.pdf (15.12.2021).

**Häcker** & Stampf. (1994). *Testgütekriterien* In: Dorsch Psychologisches Wörterbuch. 12. Auflage. Bern: Huber Verlag.

**Kanning**, U. P. (2015). *Personalauswahl zwischen Anspruch und Wirklichkeit* – Eine wirtschaftspsychologische Analyse. Berlin: Springer. URL: https://doi.org/10.1007/978-3-662-45553-1_4.

**Lienert**, G. & Raatz, U. (1998). *Testaufbau und Testanalyse.* Weinheim: Beltz, Psychologie Verlags Union.

**Moosbrugger**, H. & Kelava, A. (Hrsg.). (2020). *Testtheorie und Fragebogen-konstruktion.* Berlin: Springer-Verlag.

**Paulus**, C. (1999). *Das multidimensionale Lernprofil. Zur Diagnostik von Lernfähigkeit.* Frankfurt a. M.: Peter Lang.

**Paulus**, C. (2001). *Die Messung von Lernfähigkeit: Experimentelle Validierung des Multidimensionalen Lernprofils.* doi: 10.13140/RG.2.2.21371.72481.

**Prange**, K. (2002). *Erziehen als gegliedertes Zeigen und Lernen.* Praxis Schule 5–10, Heft 5, 6–8.

**Porst**, R. (2000). *Frageformulierung.* In: Praxis der Umfrageforschung. (2. Aufl.) Stuttgart, Leipzig, Wiesbaden: Teubner.

**Reinhardt**, R. (2015). *Fragebogentechnik.* Studienbrief der SRH Fernhochschule Riedlingen.

**Rost**, J. (2004). *Lehrbuch Testtheorie — Testkonstruktion* (2. Aufl.). Bern: Huber.

**Schnell**, R., Hill, P. & Esser, E. (1999). *Methoden der empirischen Sozialforschung.* (6. Aufl.) München: Oldenburg Verlag.

**Stangl**, W. (2021). *Lernen – Online Lexikon für Psychologie und Pädagogik.* Online Lexikon für Psychologie und Pädagogik. URL: https://lexikon.stangl.eu/551/lernen (15.10.2021).

**Wirtz**, M. A. (Hrsg.) (2017). *Lernfähigkeit.* In: Dorsch. Lexikon der Psychologie. (18. Aufl.). Bern: Hogrefe. URL: https://dorsch.hogrefe.com/stichwort/lernfaehigkeit (14.10.2021).

**Wirtz**, M. A. (Hrsg.) (2017). *Testkonstruktion.* In: Dorsch. Lexikon der Psychologie. (18. Aufl.). Bern: Hogrefe. URL: https://dorsch.hogrefe.com/stichwort/testkonstruktion (16.12.2021).

**Zinoun**, K. (2014). *Lernen ist immer und überall.* Grundbegriffe Bildungswissenschaft. URL: http://www.zinoun.de/lernen-ist-immer-und-ueberall/ (15.10.2021).

# BEI GRIN MACHT SICH IHR WISSEN BEZAHLT

- Wir veröffentlichen Ihre Hausarbeit, Bachelor- und Masterarbeit

- Ihr eigenes eBook und Buch - weltweit in allen wichtigen Shops

- Verdienen Sie an jedem Verkauf

Jetzt bei www.GRIN.com hochladen und kostenlos publizieren